Inhalt

Marketing-Controlling

Kernthesen

Beitrag

Fallbeispiele

Weiterführende Literatur

Impressum

Marketing-Controlling

M. Westphal

Kernthesen

- Die häufig "bauchgesteuerten" Marketing-Entscheidungen müssen auf "harten" quantitativen Faktoren basieren, um ein Controlling zu ermöglichen.
- Die Erhebung des Markenwertes und sein kontinuierliches Controlling ist Grundvoraussetzung für Marketingeffizienz.
- Für Aktivitäten der Marketing-Kommunikation gibt es inzwischen geeignete Tools zur standardisierten Bewertung.
- Im Bereich der Media-Buchungen kann falsche Sparwut kontraproduktiv auf die Effektivität wirken.
- Marketing-strategisch und Sales-orientierte Prozesse und Entscheidungen können

durch Software unterstützt werden.

Beitrag

Die häufig "bauchgesteuerten" Marketing-Entscheidungen müssen auf "harten" quantitativen Faktoren basieren, um ein Controlling zu ermöglichen

Im Bereich Marketing, sei es in Bezug auf zukünftige Marktbearbeitungsstrategien oder aber im Hinblick auf Vorab-Beurteilungen von Marketingkommunikationsmaßnahmen, hängt viel ab von der individuellen subjektiven Beurteilung über zukünftige Entwicklungen oder vom Bauchgefühl für oder gegen eine geplante Werbekampagne. Die millionenschweren Marketing-Budgets unterstehen der ständigen Frage nach der tatsächlichen Wirkung der eingesetzten Mittel. Der steigende Kostendruck, gepaart mit mangelndem Wirtschaftswachstum, lässt das Controlling in Unternehmen auch im Bereich des Marketings an Bedeutung gewinnen. Viele Marketing-Budgets geraten unter Rechtfertigungsdruck, so dass die

Rahmenbedingungen auch für Werbe-Investitionsentscheidungen durch ein notwendiges konsequentes Marketing-Controlling definiert werden.

Erfolge im Werbemarkt beruhen heute zunehmend auf innovativen Strategien mit einem ausgewogenen Mix von klassischen und modernen Dialogmarketing-Instrumenten wie Mail und Call-Center. Die höheren Anforderungen an Kundenakquisition und Kundenbindung, insbesondere aber die wachsenden Budget-Restriktionen machen eine klare Erhebung von Effizienz und Effektivität des Medieneinsatzes erforderlich. Der Marketingtreibende benötigt einen klaren Aufschluss über die spezifischen Stärken und Schwächen seiner Marke im Kaufprozess und daraus resultierend den Beitrag der genutzten Medien für die Gestaltung eines optimierten Mediamixes. (1)

Die Erhebung des Markenwertes stellt Unternehmen bisher vor Probleme - ein zielgerichtetes Controlling ist daher kaum möglich

Im Rahmen von monetarisierten Markenbewertungen können Ergebnisse auch für identische Marken um mehrere hundert Prozent voneinander abweichen aufgrund nicht standardisierter Verfahren und Definitionen.Ein wesentliches Problem für die Definition des Begriffes **Markenwert** und damit einen darauf abgestimmten Kriterienkatalog zur Messung, liegt in den sehr heterogenen Verwendungskontexten, in denen dieser Begriff genutzt wird. So taucht er bei Unternehmensbewertungen auf, wie auch bei Lizenzbewertungen z. B. im Rahmen von Franchise-Konzepten, aber auch zur Ermittlung von Schadensersatzansprüchen im Falle von Markenpiraterie. Ebenso gibt es den eher verbraucherorientierten Ansatz im Hinblick auf die Reaktion der Konsumenten auf das erlebbare Markenmanagement des Unternehmens in Bezug auf ein erzielbares Price-Premium oder Markenloyalität. Gerade in diesem zweiten Aspekt ist die Monetarisierung des Markenwertes nicht unbedingt notwendig, aber sollte relativ zum relevanten Wettbewerb auch bekannt sein, um die kontinuierliche Evaluation des Markenerfolgs über die Allokation des Marketingbudgets wie auch die Vorgabe für anzustrebende Zielgrößen zu ermöglichen.Neben der schwierigen Auswahl der Messgrößen macht auch die grundlegende Modellierung und Gewichtung der einzelnen

Faktoren große Probleme und variiert signifikant zwischen den einzelnen Verfahren. So ist in dieser Hinsicht eine Allokation und Effizienzmessung im Hinblick auf die Spendings schwer fundiert nachzuweisen. Allerdings erscheint es aufgrund der hohen Ausgaben eminent wichtig, die Bewertung der Effizienz der Markenführung durchzuführen, um die Allokation der zur Verfügung stehenden Ressourcen auf die zentralen Werttreiber einer Marke zu fokussieren. Dazu müssen diese Werttreiber natürlich auch erst identifiziert werden.

Für Aktivitäten der Marketing-Kommunikation gibt es inzwischen geeignete Tools zur standardisierten Bewertung

Im Bereich von Marketingkommunikation und hier insbesondere in Bezug auf die Entscheidung für oder gegen verschiedene optionale werbliche Auftritte kann das bisher vorherrschende Bauchgefühl durch einen systematischen Arbeitsprozess ersetzt werden. Das Hamburger Marktforschungsinstitut TNS Emnid hat für seine Business Unit Advertising Research Center (ARC) als Kernstück 2003 das Programm Ad Eval in einer weltweiten Lizenz im Rahmen eines millionenschweren Investments von der

amerikanischen Software-Firma Buy Systems International gekauft. Bestandteil dieses Deals ist eine Datenbank mit den Ergebnissen von 9 000 weltweiten Werbemitteltests.
In einem ersten Schritt, noch vor der eigentlichen Pre-Testing-Phase des Werbemittels werden zunächst für das Briefing an die Werbeagentur die Werbebotschaften ermittelt, die in der Anzeige oder dem TV-Spot enthalten sein müssen.
Nach Abschluss der kreativen Phase durch die Agentur werden dann die Anzeigenmotive oder Spot-Animatics 120 Probanden gezeigt. Im Rahmen einer standardisierten Abfragemethode, die in allen von TNS Emnid bedienten 70 Ländern identisch ist, wird die Übereinstimmung von der Positionierung des Produkts mit den Aussagen der Kreation überprüft. Innerhalb dieses Tests wird untersucht, ob die Kreation das avisierte Kommunikationsziel stützt, ob sich der Spot in einem Werbeblock durchsetzt, und ob und warum er den Geldbeutel des Betrachters öffnet. Anhand der Ergebnisse gibt TNS Emnid dann ein begründetes Votum für oder gegen einzelne Werbemittel oder Optionen ab. Ebenso werden Optimierungsvorschläge erarbeitet, die dann in einem Rebriefing an die Werbeagentur weitergegeben werden.
In der abschließenden Phase der Schaltungen gibt es dann mit Ad Effect und Market Whys zwei Tools, die die Post-Tests und das Werbe-Tracking leisten.

Mittlerweile werden ein bis zwei Prozent des gesamten Werbevolumens für Werbeforschung ausgegeben.

Im Bereich der Media-Buchungen kann falsche Sparwut kontraproduktiv auf die Effektivität wirken

Zu berücksichtigen ist, dass gerade im Rahmen von Media-Buchungen falsche Sparwut Geld verschenkt. So wird Effizienz oft mit Effektivität, also mit dem, was der effiziente Mitteleinsatz bringen soll, verwechselt. Häufig ist die Qualität der Leistung der billigeren Mediaagentur weniger Wert, als die durch ihre Wahl erzielte Einsparung. So leben derzeit viele Mediaagenturen besser von den Kickbacks der Werbeträger als von ihren Kunden. Damit ist aber ihre Unabhängigkeit in Bezug auf die Wahl eines optimalen Media-Mixes eingeschränkt, was letztendlich zu einer suboptimalen und damit nicht effektiven Mittelverwendung führt. So ist es zwingend notwendig, auch die Ergebnisse des Mediaeinsatzes zu messen, um einen gerechtfertigten Preis für die Medialeistungen festzustellen. (2)

Marketing-strategisch und Sales-orientierte Prozesse und Entscheidungen können durch Software unterstützt werden

Bisher kommen Programme aus dem Bereich Business Intelligence (BI) vorrangig in den Abteilungen Finanzen und Controlling zum Einsatz. Der Trend geht aber in Richtung auf Verwendung in den Bereichen Vertrieb und Marketing und das neben den Customer-Relationship-Management (CRM)-Systemen auch zunehmend in Form von Web-Mining-Tools, um Informationen über bestimmte Kundenverhaltensweisen im System auffindbar zu machen. BI im Kundenbereich geht dabei über ein gängiges internes Data Warehouse hinaus.
So lassen sich via Extranet-Anbindung Echtzeit-Aussagen ermöglichen, wie sich bestimmte Produkte aus dem Sortiment bei den Kunden verkaufen. Gleichzeitig kann so entsprechend mit der weiteren Planung reagiert werden.
Um in diesem Zusammenhang eine beiden Seiten nutzende Kollaboration zu ermöglichen, muss genau abgestimmt werden, welche Daten in welcher Form elektronisch zur Verfügung gestellt werden und wie sie entscheidungsorientiert miteinander verknüpft werden können. (3)

Fallbeispiele

Im Rahmen der Überlegungen bzgl. der Effizienz von Marketing-Kommunikations-Aufwendungen ist auch die **Attraktivität z. B. eines Sponsorships zu evaluieren**. Dabei müssen neben den reinen Aufwendungen für die Sponsorship-Fee auch die zusätzlichen, unterfütternden Aufwendungen berücksichtigt werden. Diese erfordern ein gewisses Budget, um überhaupt ein Sponsorship sinnvoll nutzen zu können. Um das Optimum aus seinem Engagement herauszuholen, muss hier von den Marketing-Abteilungen ein intelligenter Aktivitäten-Mix erarbeitet werden.Als Beispiel möge hier das Sponsorship der Fußball-Weltmeisterschaft 2006 dienen. Jeder der 15 Top-Partner zahlt für seine Rechte zunächst etwa 40 Millionen Euro an die FIFA. Neben dieser Fee muss schon heute in dieses Investment eingezahlt werden, um das Thema in Werbung und PR rechtzeitig zu besetzen. Wer erst im Jahre 2006 einsteigt, muss etwa fünfmal soviel investieren wie ein Partner, der schon 2004 mit seinen begleitenden Aktivitäten startet.Neben diesen Überlegungen spielt aber auch die Anzahl der jeweiligen Sponsor-Partner eine Rolle in den Berechnungen der Werbeeffizienz. So würde sich nach Ansicht von Fachleuten der Werbewert und damit die realistisch zu erzielende Sponsoring-Fee eines Fußball-Weltmeisterschaftssponsorings mehr als verdoppeln, sofern nur acht anstelle der fünfzehn Partner von der FIFA zugelassen würden. Für ein Champions-League-Sponsorship zahlen die vier Top-Partner jeweils jährlich etwa 27 Millionen Euro und bekommen neben guter garantierter Wahrnehmung aufgrund des kleinen Pools bei den meisten TV-Sendern nicht nur ein Presenting gesichert, sondern auch Produkt-Exklusivität für einzelne Werbeblöcke. (5)

Die Merz Consumer Care GmbH liest die Effizienz ihrer Marketingmaßnahmen u. a. an den Ergebnissen der Scannerkassen ab. Ebenso werden die "Bon-Analysen" der Händler als "äußerst wertvoll" bezeichnet, wobei auf Händlerseite sehr viele Partner äußerst restriktiv mit der Bereitstellung dieser Daten umgehen.
Bei Merz fließen rund 70 Prozent des Marketing- und Vertriebsbudgets in Kundenbindungsmaßnahmen. Im Jahre 2003/2004 ist dieses Budget sogar um 40 Prozent erhöht worden. (6)

Um eine hohe Werbeeffizienz zu erzielen, ist es für ein Unternehmen von großer Bedeutung, dass es sich

seiner (kommunikativen) Assets bewusst ist. So hat z. B. die Flensburger Brauerei aufgrund seiner norddeutschen Herkunft und dem "Plop" sehr gute Vorraussetzungen, diese rein über das Medium Radio zu transportieren.
Die Flensburger Brauereien haben mit reinen Radio-basierten Spots recht gute Erfolge in Bezug auf Abverkaufssteigerungen erzielt. Trotzdem wird ein direkter rechnerischer Zusammenhang in Frage gestellt, weil einfach zuviele Kompoenten in den Verkaufsprozess hineinspielen. So ist z. B. kürzlich in Hessen eine Funkkampagne on air gegangen, allerdings ist gleichzeitig der Vertrieb ausgebaut worden, sodass schwer abschätzbar ist, welcher Faktor wie stark den gestiegenen Abverkauf beeinflusst hat. Ebenso sind die parallelen Aktivitäten der Wettbewerber zu berücksichtigen. (7)

Die Deutsche Post betätigt sich auch als Consulting-Anbieter in den Bereichen Dialogmarketing und Outsourcing.
So unterstützte die Deutsche Post die Kampagne für den Smart Fourfour, mit dem Ziel Bekanntheit und Vertrautheit mit diesem neuen Automobil zu erhöhen. Es wurde eine Smart-affine Zielgruppe ermittelt und zusammen mit der GfK eine stärkere Integration von Klassik und Dialogmarketing unter Berücksichtigung der Wirkung auf den Kaufprozess erarbeitet.

Durch die Integration von Dialogmarketing-Instrumenten in die bestehende Klassikkampagne wurde eine um 50 Prozent erhöhte Transferrate in Bezug auf Modellbekanntheit und vertrautheit erreicht. Diese Kombination von klassischer Werbung mit intelligentem durch die Deutsche Post gesteuertem Dialogmarketing wirkte sich effektiv und effizient auf die Markenführung aus. (1)

Weiterführende Literatur

(1) EFFIZIENZ DURCH MAILINGS Kontrollierter Dialog
aus werben & verkaufen Deutscher Werbekongress 2004 vom 30.04.2004 Seite 036

(2) VERTIEFENDE FACHDISKUSSIONEN Kritischer Ausblick
aus werben & verkaufen Deutscher Werbekongress 2004 vom 30.04.2004 Seite 040

(3) BI: Reporting und Analyse in der betrieblichen Praxis Richtige Informationen zur richtigen Zeit
aus Computerwoche, 14.05.2004, Nr. 20, S. 28-29

(4) Wenn das Budget verpufft
aus werben & verkaufen Nr. 14 vom 02.04.2004 Seite 061

(5) Der große Werbe-Kick

aus werben & verkaufen Nr. 19 vom 07.05.2004 Seite 026

(6) Passgenaue Konzepte
aus Lebensmittel Zeitung 20 vom 14.05.2004 Seite 077

(7) Funkspots steigern den Bierkonsum
aus HORIZONT 17 vom 22.04.2004 Seite 060

Impressum

Marketing-Controlling

Bibliografische Information der deutschen Nationalbibliothek

Die Deutsche Nationalbibliothek verzeichnet diese Publikation in der deutschen Nationalbibliografie; detaillierte bibliografische Daten sind im Internet über http://dnb.d-nb.de abrufbar.

ISBN: 978-3-7379-0011-9

© 2015 GBI-Genios Deutsche Wirtschaftsdatenbank GmbH, Freischützstraße 96, 81927 München, www.genios.de

Alle Rechte vorbehalten. Dieses Werk ist einschließlich aller seiner Teile – z.B. Texte, Tabellen und Grafiken - urheberrechtlich geschützt. Jede Verwertung außerhalb der Grenzen des Urheberrechtsgesetzes bedarf der vorherigen Zustimmung des Verlags. Dies gilt insbesondere auch für auszugsweise Nachdrucke, fotomechanische Vervielfältigungen (Fotokopie/Mikroskopie), Übersetzungen, Auswertungen durch Datenbanken oder ähnliche Einrichtungen und die Einspeicherung und Verarbeitung in elektronischen Systemen.